ARRIVÉE

DE

Monsieur le Gouverneur Richaud

A LA RÉUNION

SAINT-DENIS

TYP. LAHUPPE FRÈRES & DROUHET FILS

48 — RUE DE L'ÉGLISE — 48

1886

ARRIVÉE

DE

Monsieur le Gouverneur Richaud

A LA RÉUNION

———

Dimanche, 10 octobre courant, à 9 h. 1/2 du soir, le paquebot des messageries maritimes le *Salazie*, devançant de plus de deux jours la date règlementaire de son arrivée, mouillait sur la rade de Saint-Denis.

M. le Gouverneur Richaud, ainsi qu'il l'avait annoncé précédemment, était à bord, avec sa famille. Immédiatement, MM. le major de garnison et l'officier détaché près du Gouverneur p. i. se rendaient à bord pour le complimenter et recevoir ses ordres sur le moment de son débarquement. Le lendemain, à 7 h. 1/2 du matin, le Chef de la Colonie, accompagné de M. de Savigny, lieutenant d'infanterie de marine, détaché auprès de lui, mettait pied à terre et était salué par une salve de 15 coups de canon tirée par la batterie de l'artillerie de marine. Il fut reçu au bout du pont en fer par le Maire de la ville de Saint-Denis, accompagné du Conseil municipal, le Juge de paix et son suppléant, escortés d'un détachement de 25 hommes de la compagnie des sapeurs-pompiers de la Milice.

La musique de la milice faisait entendre la *Marseillaise*. Une foule considérable se pressait sur le port.

Parvenu à l'entrée du pont, le cortège s'arrêta et M. Gabriel Lahuppe, Maire de Saint-Denis, souhaita la bienvenue au Gouverneur en ces termes :

Monsieur le Gouverneur,

Le Conseil municipal de Saint-Denis a pour devoir d'accueillir les Gouverneurs à leur débarquement. Mais c'est là une bien douce obligation, puisqu'elle lui procure la faveur de se mettre avant tout autre corps constitué en communication avec le nouveau Chef de la Colonie.

Il m'est donc agréable, Monsieur le Gouverneur, au moment où vous touchez la terre de la Réunion, de vous féliciter de votre heureuse arrivée avec votre famille et de vous offrir l'hommage de nos respectueuses sympathies.

Le pays que vous abordez et dont les destinées vous sont confiées, n'est malheureusement plus, hélas ! ce pays prospère que vous avez connu il y a quelque vingt ans. Vous n'ignorez assurément pas sa situation actuelle ; il est cruellement éprouvé dans ses intérêts matériels.

L'avilissement sur tous les marchés du prix du sucre, sa principale production, a amené celui de la propriété foncière ; l'agriculture manque de bras ; le crédit a presque disparu ; le commerce et l'industrie languissent ; les ouvriers de toutes les professions sont pour la plupart sans travail ; la situation de notre premier établissement financier, la Banque, à laquelle étaient confiés l'épargne du pays, le patrimoine d'un grand nombre de familles, l'unique ressource de la veuve et de l'orphelin, inspire de légitimes alarmes depuis longtemps déjà qu'elle ne distribue plus ni dividende ni intérêt à ses actionnaires ; toutes les classes de la population, sans exception, on peut le dire, endurent des privations et des souffrances inconnues jusqu'ici, et l'on se demande avec angoisse où s'arrêteront ces souffrances !

Malgré ce sombre tableau, je m'empresse de le proclamer, les intelligents et courageux habitants de ce pays supportent avec résignation les malheurs présents et luttent avec une énergie et une

persévérance dignes d'un sort meilleur, pour réparer
des fautes qui ne sont pas absolument les leurs.

Votre arrivée, Monsieur le Gouverneur, ranimera leur courage et leur espoir en l'avenir. Ils mettent leur confiance dans votre administration. Vous connaissez, en effet, les colonies et leur régime spécial, pour avoir servi la France dans plusieurs d'entre elles et en avoir été récemment encore le directeur.

La mission que vous avez à remplir est lourde, mais elle n'est pas au-dessus de vos forces. Vous triompherez aisément, grâce à votre intelligence supérieure et au patriotisme qui vous inspire, des difficultés dont elle est hérissée. Votre profonde connaissance des questions coloniales et des choses de l'administration, les hautes capacités par vous révélées dans votre carrièrre si rapidement parcourue et déjà si brillante, tout nous donne le droit d'espérer que vous accomplirez cette mission avec honneur et que nous devrons à votre sollicitude éclairée, à votre énergique volonté, à votre puissante initiative, à votre esprit de progrès le relèvement de notre cher pays. Et quand nous aurons besoin de l'appui du Pouvoir central auprès du Parlement, nous savons ce que nous pouvons attendre de votre intervention par le fait de la haute estime dont vous jouissez dans la mère-patrie.

Vous serez d'ailleurs secondé dans l'accomplissement de votre tâche — nous en avons acquis la certitude — par le haut fonctionnaire qui vous a précédé de quelques semaines dans cette colonie, et que son esprit libéral et ses rares aptitudes administratives ont désigné au choix du gouvernement de la République pour le poste si important de Directeur de l'intérieur.

Et ce qui allègera encore votre charge, c'est que vous avez à gouverner un pays où règnent l'union et la concorde, où les mœurs sont douces, où l'on aime passionnément la liberté dans l'ordre, un pays enfin dont les habitants pratiquent le respect de l'autorité.

J'ajouterai, Monsieur le Gouverneur, que cette colonie compte dans son sein beaucoup d'hommes de valeur, de bons patriotes, toujours prêts à aider de leurs conseils et de leur légitime influence une administration loyale et ne s'inspirant que du bien public. Leur concours, comme celui des assemblées élues, vous est acquis d'avance pour la réalisation des réformes économiques et administratives que votre sagacité vous suggèrera et que vous jugerez utile de proposer en vue de l'intérêt général.

La population essentiellement républicaine de cette colonie salue en vous, Monsieur le Gouverneur, avec une respectueuse sympathie, le plus haut Représentant du Gouvernement de la République ; elle salue en même temps l'aurore d'une ère nouvelle dans laquelle, nous l'espérons fermement, nous verrons le retour de notre antique prospérité.

Le Chef de la Colonie a répondu par les paroles suivantes :

Monsieur le Maire,

Je vous remercie des paroles courtoises par lesquelles, au nom du Conseil municipal de Saint-Denis, vous m'accueillez à mon débarquement.

Vous m'avez rappelé que c'est dans cette Colonie que j'ai fait mes débuts dans la vie administrative. Laissez-moi ajouter que lorsque, quelques années plus tard, je fus appelé à servir en Cochinchine, c'est avec tristesse que je m'éloignai de ces bords. Les hasards de ma carrière m'ont tenu longtemps éloigné de votre île, aussi lorsque la confiance du Gouvernement de la République m'a appelé au poste que je viens occuper parmi vous, ai-je éprouvé une grande joie à la pensée de revoir votre beau pays ; ce sera en outre l'honneur de ma carrière d'avoir été Gouverneur de la Réunion.

Je succède à un administrateur distingué, rompu au maniement des affaires coloniales, et qui, pendant les longues années qu'il a passées parmi vous, a su se conquérir de nombreuses sympathies et imprimer une habile direction à tous les services de la Colonie.

Je viens à mon tour parmi vous sans parti-pris, n'ayant qu'un désir, qu'un programme : faire appel à toutes les bonnes volontés pour assurer la prospérité de cette belle Colonie.

Vous venez de me faire un tableau bien sombre de la situation de la Colonie ; laissez-moi vous dire que rien n'est désespéré.

Je sais avec quelle énergie vous avez lutté depuis bien des années contre la mauvaise fortune qui semblait s'abattre sur votre île. Avec une population qui fait preuve de cette énergie, on peut toujours espérer.

Vous vous êtes toujours souvenus que vos ancêtres furent, pour ainsi dire, les fondateurs de notre empire colonial et vous avez voulu vous montrer leurs dignes fils en ne désespérant jamais de l'avenir.

A ce titre de descendants de nos premiers colons, vous avez voulu être au premier rang de nos soldats, lorsqu'il s'est agi de revendiquer nos droits sur la Grande Ile africaine que vos ancêtres furent les premiers à coloniser, montrant ainsi qu'à côté du courage civil qui vous fait lutter sur le terrain économique et industriel, vous étiez prêts à donner votre sang pour soutenir les droits de la mère-patrie et défendre l'honneur de son drapeau.

Plus que jamais ne désespérez pas de l'avenir de votre pays.

L'ouverture prochaine du port de la Pointe-des-Galets aux navires de tout tonnage, en facilitant les mouvements des marchandises et en supprimant les dangers que présente le mouillage de vos rades foraines, amènera une diminution de fret dont bénéficieront les produits agricoles.

De plus, tout nous fait espérer que, grâce à ce port et à celui de Saint-Pierre, votre Colonie deviendra nécessairement l'entrepôt des produits de la Grande-Ile, vers laquelle depuis tant d'années se portent vos regards et vos espérances.

J'apporte le décret qui règle le fonctionnement de la loi votée par les Chambres et qui vous assure un déchet de fabrication de 24 p. 0/0

Vos représentants auxquels j'ai joint mes efforts, ont obtenu que les trois principaux ports actuels de la Colonie et celui de la Pointe-des-Galets, restent ouverts à l'exportation.

Ils auraient voulu faire plus, ce n'était pas possible.

Cette loi bienfaisante permettra-t-elle aux habitants de lutter avec avantage sur le marché des sucres ? Je le désire, mais vous avez tous compris depuis longtemps combien il est dangereux pour un pays de se cantonner dans une culture unique et de laquelle on doit tout attendre.

Le budget de la Colonie, comme celui des particuliers, repose presque tout entier sur la production du sucre. Devez-vous, en présence de l'avilissement du prix de cette denrée, continuer à tout attendre d'elle ?

Jadis, chaque nation limitait son champ d'action industriel et commercial à son territoire et à celui de ses colonies ; les législateurs élevaient des barrières infranchissables pour protéger la production nationale; aujourd'hui, au contraire, les peuples brisant ces barrières conventionnelles se disputent le marché du monde ; il faut, à tout prix, chercher au dehors les débouchés à une production devenue trop considérable pour la consommation des habitants du Vieux-Monde.

Dans cette lutte engagée pour la vie, la victoire est à ceux qui, tenant compte de la nature de leur sol et de sa fécondité, puis de tous les perfectionnements scientifiques apportés à la culture et à la manipulation de leurs produits, savent choisir le genre de culture approprié à la nature du sol et capable de donner un prix rémunérateur.

S'acharner à conserver une culture qui a pu faire la fortune d'un pays, si elle ne donne plus de bénéfices, c'est courir à une ruine certaine.

Je ne me dissimule pas, Messieurs, les difficultés que soulève la transformation de la production agricole d'un pays, mais c'est à vaincre ces difficultés que doivent tendre tous nos efforts ; et cette lutte n'est pas au-dessus de votre courage et de votre esprit d'entreprise.

Sous le ciel fortuné de votre Ile, tous les

produits des tropiques poussent parfaitement; nous étudierons ensemble quels sont, entre ces produits, ceux dont il faudra développer la culture pour ramener parmi nous la prospérité d'autrefois.

Déjà, je le sais, des tentatives nombreuses ont été faites dans ce sens par l'initiative de quelques-uns d'entre vous ; nous profiterons de leur expérience.

Déjà, aussi, vos conseils élus, comprenant le mal qu'avait fait à votre île le déboisement trop rapide de vos montagnes, ont doté, dans la mesure des ressources budgétaires de la Colonie, notre service des Eaux et Forêts des crédits nécessaires pour reboiser et gazonner les sommets dénudés de votre île. Les particuliers ont suivi cet exemple.

Nous continuerons ce qui a été commencé et nous verrons de nouveau s'il n'y aurait pas lieu de compléter ces entreprises, en aménageant les nombreux cours d'eau que possède la Colonie pour porter partout la fertilité.

Vous appelez mon attention sur votre premier établissement financier. Il traverse, je le sais, un moment difficile, mais malgré les désastres industriels et commerciaux dont il a supporté le contre-coup, son crédit n'a pas été atteint. Nous devrons, en nous montrant pleins de sollicitude pour les intérêts de la Banque, user de beaucoup de ménagements pour les engagements contractés dans le passé, et, en même temps, nous devrons être pleins de prudence pour l'avenir.

Vous me trouverez prêt à appuyer toutes les mesures qui pourront rendre à ses opérations l'élasticité nécessaire pour satisfaire aux besoins du commerce et de l'industrie du pays ; et j'ai le ferme espoir que les années prospères de cet établissement reparaîtront bientôt.

Enfin je sais combien, dans ce pays, la question des travailleurs est brûlante et importante ; je puis vous donner l'assurance qu'elle recevra, je l'espère, avant peu, — sans que j'aie à m'expliquer davantage ici sur ce point — une solution qui nous épargnera des humiliations inutiles dont notre patriotisme aurait à souffrir, sans réussir à écarter des difficultés toujours renaissantes, et qui nous permettra, en même temps, d'assurer le travail sur vos habitations.

Vous le voyez, Messieurs, j'arrive parmi vous avec la résolution d'étudier toutes les ressources de votre île et de tout mettre en œuvre pour assurer sa prospérité. Pour arriver à ce résultat, j'ai besoin du concours de tous ; laissez-moi espérer qu'il ne me fera pas défaut.

Je sais avec quel patriotique dévouement, les conseils élus de la Colonie étudient les questions qui intéressent sa prospérité ; je sais aussi qu'ils ont toujours mis à la disposition de l'Administration de mon éminent prédécesseur, les ressources nécessaires pour assurer la marche des services et pour développer les différentes branches de la fortune du pays.

Messieurs,

Regardons l'avenir avec confiance, ne jetons un coup d'œil en arrière que pour puiser des leçons du passé.

Mon vœu le plus cher est de voir régner, entre les Conseils élus de la Colonie et mon administration, l'union la plus cordiale, car je suis convaincu que cette union seule sera féconde pour le pays.

Lorsque nous aurons besoin du concours de la Métropole, il ne nous fera pas défaut, car vous avez là-bas des mandataires au Sénat, comme à la Chambre, qui sauront plaider votre cause et mettre à la défendre toute l'autorité qu'ils ont su conquérir parmi leurs collègues, par la dignité de leur vie, l'honorabilité de leur caractère et leur ardent patriotisme.

Monsieur le Maire, merci une fois encore pour votre gracieux accueil.

Messieurs,

Confiance dans l'avenir.

Vive la République !

Vive la France !

Vive la Réunion !

Après ces paroles, accueillies par les cris de *Vive la République ! Vive le Gouverneur !* le Chef de la Colonie se dirigea vers l'hôtel du Gouvernement. Les troupes de la garnison et les milices, rangées en bataille depuis le quai, formaient la haie. Sur le passage du Gouverneur, les soldats présentaient les armes, les tambours et les clairons battaient ou sonnaient aux champs.

Le Chef de la Colonie fut reçu à la porte principale de l'hôtel du Gouvernement par M. le Directeur de l'intérieur Lougnon, Gouverneur p. i., assisté du Conseil privé.

A son entrée, la Cour et tout le corps judiciaire se portèrent au-devant de lui.

Le Gouverneur, accompagné de tous les fonctionnaires qui l'attendaient à son hôtel, se rendit au salon d'honneur où M. le Directeur de l'intérieur le complimenta en ces termes :

Monsieur le Gouverneur,

J'ai l'honneur de vous présenter les membres de la magistrature, de l'administration, de l'armée et du clergé réunis pour souhaiter la bienvenue au nouveau chef de notre Colonie.

Vous connaissez déjà, Monsieur le Gouverneur, l'Ile de la Réunion ; vous y avez fait vos premiers pas dans la carrière administrative et, puisque vous la connaissez, comme tous ceux qui sont ici présents, vous l'aimez.

Hélas, Monsieur le Gouverneur, vous ne la trouverez plus dans la situation prospère où elle se trouvait lorsque vous vous en êtes eloigné en 1868. Vous savez quelle effroyable crise traverse en ce moment notre unique source de revenus, l'industrie agricole sucrière.

Dans ces conditions la Colonie a beso'n du concours ardent et absolument dévoué de tous ceux qui ont mission à un titre quelconque de l'administrer. Pour ceux qui se rappellent que vous avez déjà séjourné pendant cinq années dans ce beau pays, dans les derniers rangs de la hiérarchie administrative, et qui contemplent avec admiration la brillante carrière que vous avez parcourue pour arriver aux très hautes fonctions dont vous êtes aujourd'hui revêtu, il est tout naturel de fonder sur votre gouvernement les plus légitimes espérances. Ils savent quelles hautes qualités administratives, quelle largeur de vues, quelle ardeur pour le bien vous apporterez dans la direction de nos affaires.

J'ai eu la satisfaction d'entendre, il y a peu de temps, l'éminent administrateur qui vous a précédé à la tête de la Colonie, M. Cuinier, dans une réunion spontanément organisée en son honneur, rendre un éclatant hommage au zèle, au dévouement, à l'esprit de discipline de ceux qui l'avaient secondé pendant sept années de gouvernement.

Je suis ici depuis bien peu de temps, mais cela me suffit pour vous dire que je puis m'associer pleinement aux éloges que l'honorable M. Cuinier faisait de notre corps administratif.

Encouragé, Monsieur le Gouverneur, par votre bienveillance si connue pour tous ceux qui vous secondent, je puis vous donner l'assurance que tous tiendront à honneur de mériter de votre part un semblable témoignage.

M. le Gouverneur exprime ses remerciements pour l'assurance qui lui est donnée du dévouement de tous les fonctionnaires de la Colonie. Ils peuvent compter entièrement, de leur côté, sur sa bienveillance.— Il a, en effet, parcouru les divers rangs de la hiérarchie avant d'arriver au poste qui lui est confié et il sait, par conséquent, tout ce que le devoir impose au fonctionnaire. Il est heureux d'être assuré que chacun ici le comprend et l'accomplit sans faiblesse, sans relâche. La Colonie est malheureuse ; elle a donc besoin du concours absolu de ceux qui la servent ; il leur demande de redoubler d'efforts pour la seconder dans la vaillante lutte contre la mauvaise fortune et arriver à lui rendre son ancienne prospérité.

Immédiatement après cette alllocution, ont commencé les visites de corps réglementaires : le clergé paroissial, ayant à sa tête Mgr Coldefy, Evêque de Saint-Denis ; le service judiciaire, la Direction de l'intérieur et les différents services qui en dépendent ; l'Inspection ; le Trésorier-payeur, le Service administratif de la Marine et les divers corps civils et militaires.

Après ces visites, le Chef de la Colonie a passé la revue des troupes réunies sur la place du Gouvernement sous le commandement de M. le Commandant d'armes Romouil.

La cérémonie a été terminée vers 10 heures.

Le programme développé par M. le Gouverneur dans ses différentes allocutions a permis à chacun d'apprécier le dévouement éclairé qu'il promet d'apporter dans l'exercice de ses hautes fonctions.

La situation du pays, toute critique qu'elle soit, ne lui paraît pas désespérée et, en transformant, non pas d'un jour à l'autre, mais peu à peu, le système de culture coloniale sur lequel reposait jusqu'ici la fortune publique, en apportant des ménagements et de la prudence dans les transactions, en se prêtant enfin un mutuel et intelligent concours, il pense qu'il sera possible d'arriver à relever le niveau industriel et commercial de la Colonie. On trouvera en lui un administrateur prêt à encourager tous les efforts, toutes les initiatives qui tendront à améliorer le sort de ce pays, qu'il aime, pour l'avoir déjà habité, et dans lequel il a été heureux d'avoir été appelé, par le Gouvernement de la République, à continuer sa carrière.

A 10 heures 1/2, le Gouverneur a reçu la visite du bureau du Conseil général et des membres de cette assemblée, et s'est longuement entretenu avec eux des affaires importantes concernant l'avenir des colonies.

Mardi matin, M. le Gouverneur a visité l'hôpital militaire, l'hôpital colonial et l'hospice communal, et s'est montré satisfait de la bonne tenue de ces établissements, dont il a félicité les directeurs.

Si le local de l'hôpital colonial lui a paru laisser à désirer, M. le Gouverneur a reconnu, que rien n'était négligé pour en tirer le meilleur parti possible. — Il a été particulièrement frappé de l'excellent entretien de l'hospice communal.

La première visite de M. le Gouverneur Richaud

Au Lycée de Saint-Denis

Le Lycée de Saint-Denis était en fête ce matin, 14 octobre. Le nouveau Gouverneur de la Réunion, l'honorable M. Richaud, y faisait sa première visite.

A 9 heures et demie, malgré le mauvais temps, le Chef de la Colonie a fait son entrée dans la cour d'honneur, accompagné de M. le lieutenant Savigny, aide de camp, de M. Paul Sers, Vice-Recteur p. i., des membres du bureau d'administration du Lycée, MM. Lahuppe Gabriel, maire de St-Denis, Emart Alexis, président du Tribunal, Michel, médecin en chef de l'hôpital militaire, Le Roy Edouard, conseiller général.

Il a été reçu par M. le Goff, proviseur, à la tête du personnel en tenue officielle.

Après les compliments d'usage, M. le Gouverneur s'est avancé vers les élèves formés en carré au fond de la cour et les a passés en revue.

Le bataillon scolaire commandé par M. Payet, capitaine adjudant major de la milice, a présenté les armes et les tambours ont battu aux champs.

La revue terminée, le jeune Mondon, élève de philosophie, a complimenté M. le Gouverneur dans un discours fort bien tourné. Un autre élève de la même classe, Martin Léopold, dont les qualités poétiques s'affirment de plus en plus, lui a rappelé, dans de très beaux vers, le cher souvenir des prospérités passées de la Réunion et lui a fait part de ses espérances présentes. M. Richaud a remercié ces jeunes gens et leurs camarades au nom desquels ils avaient parlé ; il les a exhortés au travail, seul capable de les mettre en mesure de relever leur pays. Je connais, a-t-il dit, le dévouement de vos compatriotes dans la guerre de Madagascar, je sais que la France peut compter sur vous. Restez dans ces sentiments, vous ne vous en repentirez pas. La Colonie traverse une crise terrible ; j'ai vu de grandes misères, de grandes douleurs, là où j'avais laissé l'aisance et la joie. Ce spectacle me navre...... et M. le Gouverneur, ému à ces mots jusqu'au fond de l'âme, a dû s'arrêter un instant. Puis surmontant son émotion, il a ajouté : le pays compte sur vous, ne trompez pas, je vous en prie, son attente.

Ce langage plein de cœur a été couvert d'applaudissemenis.

Une pluie assez forte venant à tomber, M. le Gouverneur a fait rentrer les élèves dans les études qu'il a visitées. Il a visité également les réfectoires, l'infirmerie, la cuisine, s'enquérant avec la plus grande sollicitude des améliorations à faire dans les différentes parties du service.

La pluie ayant cessé, il a désiré voir encore une fois réunie toute cette jeunesse au bien-être et à l'éducation de laquelle il s'intéresse si vivement.

Il a témoigné sa satisfaction en annonçant aux élèves qu'il ajoutait un jour de congé à celui qu'avait promis, le jeudi précédent, M. Lougnou, gouverneur p. i.

Ces deux jours seront donnés à la Toussaint.

Ces paroles ont été accueillies avec joie par nos lycéens. La joie a redoublé, surtout chez les internes, quand M. Richaud, sachant que l'après-midi du jeudi est consacrée à la promenade, leur a permis de sortir ce jour même après le déjeûner.

Avant de partir, le chef de la Colonie a insisté encore sur la nécessité du travail : « Soyez de vo-
« tre temps, soyez modernes, a-t-il dit; en Répu-
« blique, chacun peut avoir une situation d'après
« ses mérites, chacun peut se faire sa place au so-
« leil. Aussi croyez, mes jeunes amis, que je serai
« heureux d'apprendre que vous avez rempli vos
« devoirs d'écoliers, car je serai sûr alors que vous
« saurez remplir plus tard vos devoirs de cito-
« yens. La Colonie, vos familles, font pour vous
« des sacrifices énormes. Vous n'y répondrez pas
« par l'ingratitude, quand tant d'autres qui n'ont
« pas ces moyens de s'instruire envient votre sort.
« N'oubliez pas, je vous le répète, que vous avez
« en main l'avenir du Pays. »

Cette fête s'est terminée par un défilé plein d'entrain de tout le bataillon scolaire. M. le Gouverneur s'est retiré ensuite, escorté jusqu'à sa voiture par tout le cortège.

Discours de M. le Proviseur

Monsieur le Gouverneur,

Je suis heureux de vous recevoir dans ce lycée, gloire de notre Colonie, et auquel èst due l'éducation libérale qui distingue ses habitants.

Vous y trouverez un personnel d'élite, rompu aux choses de l'enseignement, et qui ne déparerait pas nos premiers lycées de France.

Nos élèves apportent à l'étude autant d'intelligence et d'opiniâtreté que leurs camarades de la Métropole.

Ils le prouvent tous les ans par leurs succès dans les divers examens; cette année, ils l'ont montré d'une manière éclatante.

Vous connaissez d'ailleurs assez la Réunion, Monsieur le Gouverneur, pour ne rien ignorer de ce qui touche au lycée et, cette connaissance parfaite que vous avez de nous n'est pas étrangère, j'aime à le croire, à l'empressement flatteur que vous mettez à nous visiter.

Un administrateur, parvenu comme vous au sommet de la hiérarchie par son seul mérite, devait en effet se faire une joie de venir voir un Etablissement où tant de générations ont appris cette maxime égalitaire : Le travail mène à tout.

Soyez donc le bienvenu parmi nous, Monsieur le Gouverneur, et puisse se réaliser sous votre administration le bien que, je le sais, vous désirez à notre lycée.

Lycée de Saint-Denis, le 14 Octobre 1886.

Discours de l'élève Mondon

Monsieur le Gouverneur,

Il y a huit jours à peine, le Lycée recevait avec joie la visite de l'éminent administrateur chargé de vous représenter pendant votre absence, et que nous entourons d'une si vive et si respectueuse sympathie.

Il nous disait que ses fonctions provisoires allaient finir, que vous-même vous deviez bientôt mettre le pied sur nos rivages. Aussi étiez-vous attendu avec une vive impatience, et sommes-nous doublement heureux de vous voir sitôt au milieu de nous. Permettez à la jeunesse créole que nous représentons de vous souhaiter la bienvenue dans cette colonie, de vous remercier du témoignage d'intérêt et de sympathie que vous lui donnez en ce moment ; elle voit en vous dès les premiers jours de votre gouvernement un bienfaiteur, un protecteur de plus.

L'Ile Bourbon, Monsieur le Gouverneur, n'est pas pour vous une terre étrangère, nos aînés vous ont vu au milieu d'eux donnant à tous l'exemple du travail et de la persévérance au service de l'intelligence et du talent ; et le poste d'honneur où vous êtes maintenant élevé n'est que la juste récompense de longs et brillants services que vous avez rendus dans plusieurs colonies et particulièrement dans la nôtre.

Aussi n'avez-vous pas hésité à traverser encore une fois les mers pour venir accepter, dans cette île perdue au milieu de l'Océan indien, une lourde mais généreuse responsabilité. Hélas ! vous n'y avez point retrouvé la prospérité d'autrefois ; ému jusqu'aux larmes en présence de tant de maux et de ruines, vous avez pourtant, sans défaillance, mesuré l'étendue de votre tâche. Croyez-le bien, tous les vœux que peuvent former des cœurs jeunes et sincères, nous les formons pour vous en ce jour. Tels vous avez quitté les créoles, tels vous les revoyez aujourd'hui, mais avec quelques titres de plus à l'amour de la France ; car nos frères sont allés naguère encore prodiguer leurs forces et leur sang sur la grande terre malgache pour soutenir le drapeau, la dignité, les droits de la mère-patrie.

La famille lycéenne, elle aussi, Monsieur le Gouverneur, a toujours les mêmes sentiments, les mêmes pensées ; nous avons succédé à nos aînés, résolus à ne point déchoir, à suivre courageusement les nobles exemples que beaucoup d'entre eux nous ont offerts, à suivre les patriotiques conseils que les chefs de cette Colonie nous ont toujours donnés et que vous nous apportez à votre tour avec tant d'empressement. Quel encouragement n'est-ce pas pour nous de retrouver dans la haute administration de ce pays des sympathies si évidentes pour ce Lycée dont le bon sens public continue malgré tout à reconnaître l'heureuse influence, et la nécessité même.

Aussi, Monsieur le Gouverneur, est-ce avec un profond sentiment de gratitude et de respect que vous accueillent ici tous ces jeunes créoles, écoliers pour le présent, serviteurs dévoués de la France pour l'avenir. La France, ce pays aimé, ce but de nos espérances et de nos désirs, nous la saluons en vous aujourd'hui et nous tenons à dire bien haut que nous sommes glorieux d'être ses enfants, que nous saurons toujours l'honorer et la défendre. Puisse-t-elle poursuivre en paix le cours de ses hautes destinées, auxquelles est si intimement lié le sort de la petite patrie que nous habitons ; puisse enfin le Ciel bénir votre administration que la population créole tout entière acclame en ce moment avec tant de confiance et d'espoir !

Le 14 octobre 1886.

O. MONDON.

Pièce de vers de l'élève Martin Léopold

Monsieur le Gouverneur,

Le Lycée aujourd'hui revêt un air de fête !
Voyez les trois couleurs qui flottent sur son faîte,
La joie et le bonheur qui brillent dans les yeux !
Voyez ces Lycéens transportés d'allégresse,
Ce peuple d'écoliers qui devant vous s'empresse,
Et vient vous saluer de ses bravos joyeux.

Ainsi donc, parmi nous vous abordez à peine
Que déjà dans nos murs votre cœur vous amène !
Vous excitez en nous de soudaines fiertés,
Et tous ces fronts rêveurs qu'avait pâlis l'étude
Se livrent radieux et pleins de gratitude,
Car vos premiers regards sur nous se sont portés !

Oui, cet insigne bonheur qui transporte nos âmes
Saura dans tous les cœurs allumer bien des flammes !
Aujourd'hui ces vieux murs nous paraissent plus beaux,
Un souffle de bonheur dans l'air frémit et passe ;
Oubliant pour un jour Virgile, Homère, Horace,
Nous avons la gaîté, les chansons des oiseaux !

Le sol hospitalier de notre île chérie
Pour vous, nous le savons, fut une autre patrie,
Toujours il sera cher à votre souvenir !
Depuis, vous avez vu bien des plages lointaines ;
Mais, le cœur fatigué de courses incertaines,
Sur ce rivage aimé vous vouliez revenir.

Oui, vous devez aimer ces plaines, ces montagnes,
L'air pur et parfumé de nos chaudes campagnes,
Nos ravins murmurant sous leurs ombrages frais,
Et ces torrents fougueux, qui, lorsque le cyclone
Dans nos champs dévastés rugit et tourbillonne,
Roulent avec fracas les arbres des forêts.

Quand vous avez quitté ce petit coin de terre,
Nul abri ne s'ouvrait au vaisseau solitaire
Que la tempête emporte à l'horizon sans fin ;
Les marins redoutaient les abords de nos plages,
Ils fuyaient quand venait la saison des orages,
Menacés chaque jour d'un fatal lendemain !

Sur la côte où jadis séchait l'herbe infertile,
Aujourd'hui s'ouvre à tous un port vaste et tranquille,
Où dort l'onde captive à l'abri des courants,
Où vient se reposer toute nef vagabonde,
Apportant parmi nous les richesses du monde,
Préparant le bonheur aux petits comme aux grands !

Chaque jour des wagons que la vapeur entraîne
Franchissent les torrents et traversent la plaine,
Emportant dans leurs flancs de nombreux voyageurs ;
Partout la main de l'homme a refait la nature.
Les champs sont toujours beaux et l'atmosphère pure,
Les vallons ont toujours des moissons et des fleurs !

Ces progrès sont féconds, durables, salutaires !
De la création sondant tous les mystères,
Nous vivons des trésors que nous lui ravissons ;
Mais d'une source unique, éternelle et profonde,
Jaillissent tous les biens dont s'abreuve le monde :
C'est d'un enseignement aux viriles leçons.

Vous le savez ; aussi votre haute sagesse
Vient visiter d'abord l'asile où la jeunesse
Des labeurs du présent compose l'avenir.
Ah ! dans ce vieux lycée où songeant à la France,
Ainsi que nos aînés nous vivons d'espérance,
On gardera de vous le plus doux souvenir !

Oui, nous reconnaîtrons tant de sollicitude !
Respectueux de tous, acharnés à l'étude,
Par toi nous grandirons, Auguste Vérité !
Et puis un jour, armés d'une vaillance antique,
Pour défendre et sauver la grande République,
Nous prendrons pour devise : Honneur et Liberté !

(EXTRAIT du *Journal officiel*).

Typ. Lahuppe frères et Drouhet fils